Meiner Mutter,
einer bescheidenen, aufrechten Frau,
posthum

Falk Edelmann

Wenn der Teller in der Suppe steht oder 270 Sehhilfen

Alltägliche Gedanken, vollständig raffiniert

Gestandene Liebe ist wie ein Flußdelta:
feine Verästelungen der Gefühle,
Verlangsamung des Treibens und
unaufhörliche Mühen gegen die Macht des Alltags,
die wie das Meer uns bekämpft.

Wenn der Werbende jeden Tag den Hof anders macht,
wird die Beworbene eines Tages kaufen.

Neugier ernährt aufkeimende Liebe, gesunde Eifersucht
und beweinte Trennung.

Eifersucht ist verletztes Selbstbewußtsein.

Komplimente sind sanft ausgeworfene Lassos
der Gefühle.

Liebe ist Ware.
Sie wird erkauft durch Zuneigung, bezahlt mit Vertrauen
und quittiert mit Leidenschaft.

Trennungen in der Liebe sind labil, wenn sie sich im Bett
gefühlvoller Erinnerungen wälzen.
Am Ende des Alltags legt sich jeder schlafen.

Leidenschaften sind in ihrer Unmittelbarkeit
die Sublimation naher Gefühle, gleichen Denkens,
unbändigbaren Wollens ohne Hintergedanken.
Sie sind die gnadenlose Identifizierung der Liebenden
miteinander.

Liebe entzweit sich von Liebelei, indem die eine kämpft,
die andere spielt.

Der Liebenden Richter sind ihre Mühen.

Liebe zu entbehren ist wie Strafzölle bezahlen zu müssen.
Zeit und Umstände sind die Zöllner,
die im Auftrag der Versäumnisse und Unzulänglichkeiten
Abgaben eintreiben.

Unbefriedigte Gefühle sind erloschene Vulkane.
Niemand weiß, wann sie wieder ausbrechen.
Keiner ahnt die Schäden und das Glück,
die sie anzurichten vermögen.

Liebe wird durch Hormone gemacht
wie ein Braten durch Feuer.

Liebe ist das Verhältnis der Mühen um den anderen
zur Enttäuschung durch ihn.

Erblindende Liebe ist eine Sackgasse der Natur,
die ihren Teilnehmern Denken versagt.

Immer in Beziehungen verschmelzen Glück und Tragik
zu einer Masse, die unbekömmlich erscheint.
Gerade diese Masse treibt neues Glück voran und ahnt
neue Tragik voraus. So glauben wir uns im Flusse
des Auf und Ab.
Wohl aber gibt es nur ein Glück mit unserem Partner.
Und nur ein Unglück.

Mit Glück ist es wie mit einem Automobil:
Sein Erwerb ist spannend.
Allein sein Benutzen verschleißt es.

Wo in der Liebe Verläßlichkeit aus Vertrautsein geboren,
da ist Beliebigkeit gestrandet.

Scheidungen sind juristische Akte,
die Entzweiungen besiegeln.

Schwache Männer holen aus dem Keller Wein,
starke Frauen Beweise.
Schwache Frauen Gefühle,
starke Männer Immunität.

Die optischen Reize der Frau und die vermeintliche
Vernunft des Mannes sind der Mörtel,
aus dem Beziehungen begonnen, gehegt und
verdorben werden.

Enttäuschte Zweisamkeit füttert den Markt
gebrauchter Beziehungen.

Sex macht Beziehungen stabil oder krank, aber nicht aus.

Bis daß der Tod uns scheidet, ist eine Floskel, die manch
einer ausgesprochen zu haben nach dem Ende
des emotionalen Rausches bereut.
Sie blockiert das Leben.

Beziehungen sind Entdeckungsreisen zu sich selbst.

Ehe ist nur eine von mannigfaltigen Beziehungsvarianten.
Wie schwach ist ein moderner Staat,
nur diese belohnen zu wollen?
Die Religions-Lobbyisten dürfen sich entspannen.

Liebe abseits von Begierde ist Näherung auf Distanz,
Bedürftigkeit auf Abruf und Ehrlichkeit zu sich selbst.

Beziehungen ohne Tadel sind wie
Bratpfannen ohne Benutzung:
Sie sind spurlos.

Glück ist der Mittelwert aus Anspruch und
Tatsächlichkeit.

Liebe ist ein Konto, das glücklicher machen kann,
je mehr Mühen man einzahlt.

Hoffnung ist ein Rauschmittel,
der Begehrung habhaft zu werden.

Wenn sich Zweisamkeit nichts mehr zu sagen hat,
lädt sie sich Gäste ein.

Liebe ist ein biochemisches Spektakel
komplexen Ausmaßes.

Verdrängte Zweifel, unbesehener Optimismus und
rücksichtsfreies Vertrauen auf die eigenen Fähigkeiten
steigen aus dem heißen Tiegel frischer Beziehung empor,
der Glück zu erzeugen vermeint.

Ferne begehrt.
Nähe senkt die Köpfe zur Abwehr der Alltagsleiden.

Liebe von Dauer ist Rückkehr zu Maßvollem.

Atemnot ist ein gefürchtetes Symptom
erkrankter Beziehungen.

Schwärende Beziehungen vernarben
durch Teilnahme am Leben,
nicht durch Sturz in neue.

Das Leben der Liebe:
feuriges Begehren,
Widerstehen des Alltages,
Fügen in gemeinsames Altern.

Man braucht nicht viel zum Glück.
Nur ein wenig Selbstbewußtsein.

Hörige Liebe ist kleines Denken.

Beworbene Ansprüche verderben Beziehungen.

Vertane Lebenszeit, wo Liebe kurze Beine hat.

Nichts in der Liebe ist verläßlicher als Vertrauen,
das Zeit hatte, sich aufzubauen.
Und nichts ruinöser als Vertrauen,
das Zeit hatte, mißbraucht zu werden.

Die Seele des Menschen ist ein Kraterfeld,
und die Zeit seines Lebens reicht nicht,
um es einzuebnen.

Wenn Liebe vernünftig wäre, hätte Lust keinen Sinn.

Haß erschreckt sich in Finsternis zu Tode.
Liebe findet sich in ihr.

Wäre das Eingehen von Beziehungen mit Rückgaberecht
belegt, würden sich die Leute stapeln.

Liebe beginnt im Kopf und endet in ihm.

Wem die Wärme aus den Augen weicht,
dem ist Liebe List.

Der Anspruch, zu begehren,
ist eine unberechenbare Größe.

Loslassen ist schwieriger als Anfassen.

Die dauerhaft gute geschlechtliche Beziehung sollte unter
Denkmalschutz gestellt werden.

Versöhnung ist des Liebesdramas verzögerndes Moment.

Wer Fremdgang heilbar glaubt,
sollte Liebe als Infektion begreifen.

Der Verstand ist immer das erste Opfer
emotionaler Überflutungen.

Fieberndes Liebesbegehren ist nur durch
kalte Unterleibswickel auf Vernunft dimmbar.

Die Aufrichtigkeit einer zweisamen Beziehung
zeigt sich darin, daß der eine für den anderen
ohne Rechnung entbehrt.

Keine Fehler wiederholen sich häufiger
als die in Beziehungen der Menschen zueinander.
Die Lernfähigkeit der Leute ist von Natur aus begrenzt.

Liebe und Raubtiere sind unberechenbar,
wenn sie verletzt werden.

Wenn das Kribbeln im Bauch zu Blähungen führt,
sollte eine Beziehung ihr Ende finden.

Wer nicht weiß, was er will, öffnet eine Beziehungskiste.

Brandmauern werden von verratenen Gefühlen gebaut.

Freundschaft, zu der Liebe genötigt wurde,
hat ein weiches Bett.

Erwartungen sind die schwerste Fracht für junge Liebe,
Narben der Enttäuschung für reife.

Im Liebesrausch Gesprochenes gräbt sich tiefer ins
Bewußtsein als ein Pflug jemals in Erde.

Wahre Liebe ist nicht selten von Wahrheit in der Liebe
weit entfernt.

Die Sonne scheint und spricht:
Liebe gedeiht zwar ohne Wein,
Wein aber ohne Liebe nicht.

Unerfahrenheit verliebt sich schon in Zuneigung.

Nach einer gewissen Zeit ist neue Liebe
anfällig gegenüber alten Lastern.

Gute Beziehungen ersetzen mangelnde Fähigkeiten.

Liebe ist mehr als Sex und weniger als Freiheit.

Das Ego der Teilnehmer gescheiterter Beziehungen
verhindert gewöhnlich die eigene Analyse und treibt
in neue Beziehungen mit neuen Teilnehmern.
Insofern sind Beziehungen Wetten auf Hinnahme von
Fehlern.

Der Wert einer Beziehung bestimmt sich durch
andere Beziehungen.

Nur der beziehungsfreie Mensch ist wirklich unabhängig.

Emotionen saugten Pferdeäpfel auf,
würden diese der Liebe zuträglich geziehen.

Alte Liebe rostet nicht, solange keine neue dazukommt.

Wer Aufgaben delegiert, verlernt ihre Lösung
und dient sich Größerem nicht an.

Der Arbeitsame kommt deshalb nicht voran,
weil König und Höfling seinen Lohn begehren.

Fortschritt und Wachstum galten
in allen bisherigen Epochen als traute Geschwister.
Es läuten aber Zeiten, in denen sie sich zerstreiten.

Der Wille der grauen Masse des Volkes nach
Gerechtigkeit kann nur durch Bestechung
ruhiggestellt werden. Die Korrumpierung diversifiziert
diesen gemeinsamen Willen durch
belohnende Bedienung jener, die sich fügen,
und strafende Isolation derer, die aufbegehren.
Verderbnis solcher Art benutzt heute den antiken
Demokratiebegriff unter der Maßgabe veränderter
Bedingungen.
Ein machtvolles Netzwerk von Lobbyisten biegt
parlamentarische Legitimation zu seiner Gunst.

Politischer Eifer und Intelligenz bilden das gefährlichste
Gemisch gesellschaftlichen Fortgangs.
Es kann Völker verderben oder heroisieren.

Je ungebildeter die Wähler, desto dreister ihre Peiniger.

Wer kein Blatt vor den Mund nimmt,
sollte gute Zähne haben.

Der mit sich selbst befaßte Mensch ist der eigentliche
Grund erfolgreicher Herrschaft über ihn.

Was Herrschaft gefährdet, wird Populismus geheißen.

Die Erosion von Werten beflügelt Gewalt.

Frieden kann man nicht genug verherrlichen.

Die westlichen europäischen Staaten stehen heute vor
demselben Schicksal wie Westrom vor mehr als
anderthalbtausend Jahren.
Geschichte von Gesellschaften wiederholt sich,
und sie folgt Naturgesetzen.

Lauter Vernünftige würden keinen Staat regieren dürfen.
Dazu bedarf es auch der Unvernünftigen.

Große Mächte kollabieren an kleinen Dingen,
wenn die Zeit gereift ist.

Der Mönch betet.
Der Kanzler schwört.
Der Krieger kämpft.

Der Mensch denkt.

Allein sein Haus macht ihn
zum Mönch, zum Kanzler, zum Krieger.
Denkende Gesellschaft baut neue Häuser
für Mönche, Kanzler und Krieger.

Wählende renoviert nur die alten.

Wo Vernunft unterliegt, hat Kreatives keine Statt.

Der Sozialismus des 20. Jahrhunderts war
der mißlungene Freigang
der schoßgeborenen Aufbegehrer
des Kapitalismus.

Nachhaltiger Fortschritt entsteht
am Rande überhitzter Moderne,
nicht in ihr,
aber auch nicht ohne sie.

Nichts beschreibt Kapitalismus gründlicher als
die Systemrelevanz der Banken.
Nichts seinen Untergang klarer als
Aufbegehr, der sich nicht bezahlen läßt.

Gesäter Friede will gejätet sein.

Wenn die Länge eines Jahrhunderts nach der Zahl der
Jahrhundert-Hochwasser bemessen würde,
wäre ich wohl schon 300 Jahre alt.

Wenn die Kritiker nur objektiv wären,
kämen die Dinge voran.

Fortschritt und Rückschritt sind
arrogante Blickwinkel menschlichen Denkens,
das sich als Wettkämpfer mit Natur
gründlich mißversteht.

Der gläubige Wissenschaftler – welch ein Paradoxon!

Fortschritt kommt von Fortschreiten.
Wir müssen noch lernen, daß dies auch
Zurückgehen bedeuten kann.

Sprich über Freiheit nicht mit flotter Zunge.
Sage, für wen.
Freiheit für alle gibt es nicht.

Nicht jede Entzündung führt zu einer Revolution.

Wie die Alten manipuliert, so die Jungen erzogen.

Mode ist der Spiegel der Vergeßlichkeit der Menschen.
Sie wiederholt sich mit Variationen,
verführt die Eitlen und ernährt ihre Macher.

Wer das Zepter niederlegt,
sollte das Haus verlassen,
in dem er es geführt.

Fanatismus ist das Kind vergewaltigter Toleranz.

Wer im eigenen Saft schmort,
wird wenigstens nicht krank.

Revolutionen sind die Katarakte
gesellschaftlicher Entwicklung.

In der Not frißt der Parlamentarier seine Überzeugung.

Ausgrenzen begründet Neues
und löst die Begrenztheit des Alten allmählich auf.

Wenn der Teller in der Suppe steht,
hilft auch ein Blick über seinen Rand nicht weiter.

Kapitalismus hat bis heute die vermeintlich
demokratisch wählenden Arbeitenden erfolgreich
durch Bestechung entzweien gekonnt.
Das ist sein größtes existenzsicherndes Vermächtnis.

Weil wir uns zu oft hinreißen lassen zum Kauf
von Dingen, die wir nicht benötigen,
bringen wir viel mehr Arbeitende um ihr Brot,
als wenn wir das kauften,
was uns im Gleichklang mit der Natur wirklich nützt.

Hierarchien beugen Leute.

Gesellschaftlich festgelegte Gruppen von Menschen
aus ihrem Unbehagen zu befreien
kostete früher Blut, heute Geld.
Waren früher Umwälzungen Revolutionen,
sind sie heute Ereignisse,
die durch Bezahlung ruhiggestellt werden können.
Wehe dem, die Umwälzer sind nicht bestechlich.

Die beste Werbung für neue Ideen ist ihr Verriß.

Die Parteiung der redlich Schaffenden
sichert ihre Schlachtung.

Wo Sprache zu Symbolen verkommt,
ist der Untergang ihrer Sprecher nicht fern.

Revolutionen sind dann friedliche, wenn die Kinder
reuend in den Schoß zurückkriechen, aus dem ihre Eltern
für Besseres mutig aufgebrochen waren.

Der Geduldige ist weise oder dumm.

Lobbyisten sind die Macher von Politik und
Wähler ihr Mantel.

Wer gegen den Strom schwimmt,
sollte im Ozean geübt haben.

Extremismus ist der Spiegel
scharfer Kanten gesellschaftlicher Brüche
oder stoischen Fortgangs des Bisherigen.

Der denkende Mensch ist eine Gefahr
für seine Umgebung
und ein Glück für deren Veränderung.

Demokratie ist eine Treppe,
auf deren oberster Stufe ihre Vergewaltigung
durch Gruppeninteressen
bezahlbar bleibt.

Wohlstand erlahmt Gerechtigkeit.

Das Siechen einer Gesellschaft nimmt seinen Lauf
mit Bildungsferne und niederem Spaß,
bäumt sich in Legitimation des Extremen auf
und wird im Krematorium der Eroberer besiegelt.

Der gesellschaftlich fundamentalste Irrtum unserer Zeit
ist der Fortschrittsglaube.
Er schmeckt nach grenzenloser Gestaltbarkeit und ist
doch erstarrt wie Hefeteig nach dem Backen.

Demokratie lebt von den Folgsamen.

Sozialismus, diese verdammte Störung
gesellschaftlicher Entwicklung,
hat das Sehnen der Menschen nach Gerechtigkeit
entflammt,
aber keineswegs zu löschen vermocht.

Die größte Gefahr für einen modernen Staat
ist nicht der extreme, sondern der denkende Wähler.

Wenn niemand zum Krieg geht, findet er auch nicht statt.

Ein Staat bedarf zu seinem Erhalt
auch der Bildungsresistenten.

Verfettender Kapitalismus bildet seine Totengräber aus.

Kritik, die Interessen dient, ist billig.

Ach, ich sehe Einkaufsstraßen,
die Schuhe nicht beschmutzen.
Ach, ich sehe Schlammesströme,
in denen Tote treiben.
Ach, ich höre das Geschrei der Entkommenen.

Aber ich vernehme das Einsehen nicht, daß Natur keine
Dirne ist.

Das Prekariat wird wachsen
mit dem subtilen Einfluß der Bereicherten.
Es wird unser Jahrhundert bestimmen
und das nächste wandeln.

Die Spaltung einer Nation
beginnt mit dem Fügen ungleicher Teile.

Die sozialen Netzwerke sind die
Beichtstühle der Moderne,
und deren Priester stehen
im Solde des geheimen Andienens.

Demokratien, die die Meinung des Volkes fürchten
und es deshalb nicht fragen,
sollten über Diktaturen nicht reden.

Die Fehler der Besiegten wiegen immer schwerer
als dieselben Fehler der Sieger.

Die Verharmlosung und Verniedlichung von Krieg
für seine Akzeptanz beim Volk
offenbart die Perversion seiner Führer.

Völker haben für ihre Geschichtlichkeit
ein kurzes Gedächtnis.
Die Gefahr, Fehler zu wiederholen,
ist größer als die Hoffnung,
durch sie belehrt zu werden.

Wenn sich das Gespenst des Kommunismus
in Europa vorerst zurückgezogen hat,
bedeutet das nicht,
daß es nicht doch anderswo auf unserer Welt
Menschen ergreift, die ihm zu dauerhaftem Leben
verhelfen werden,
weil dort die Kluft zwischen
Macht und Machtlosigkeit
von minderer Subtilität und vermehrter Direktheit
beschaffen ist.

Wes Bauch gefüllt, des Geist erlahmt.
Keiner wird Systeme erschüttern,
die sein Auskommen sichern.

Ich habe noch keine Politik vernommen,
die dem Volke dient
und nicht den Vereinnahmern.

Wenn die Sicherheit Deutschlands
am Hindukusch verteidigt wird,
ist es entweder zu groß oder zu empfindlich.

Kompromisse zeigen Kräftegleichgewichte an,
niemals Willensgüte.

Dienten wir unaufhörlich der Natur,
bräuchten wir sie nicht fürchten.

Das weltweite Netz wird den Bestand
von Gesellschaftssystemen zu neuen Systemen
zu wandeln verhelfen,
die dem Einzelnen weit mehr Gerechtigkeit und Freiheit
widerfahren lassen werden
als heute je denkbar ist.
Ob die Menschheit währenddessen
zu der Reife gelangen wird,
dies mit weniger Opfern
als in der Geschichte
ihres gesellschaftlichen Bewußtwerdens zu bezahlen,
oder zu dem Verfall,
in historische Barbarei zurückzukehren,
ist bei weitem nicht ausgemacht.

Fernsehen der Bestimmer verbildet.

Macht, die Angst hat, ist gefährliche Macht.

Wahrheiten werden von gesellschaftlichen Systemen
bekleidet
und für diese gebrauchsfähig gemacht.
Nicht selten geraten sie dadurch zu Lügen.

Diener sind keine Veränderer.

Auch ein unbeschriebenes Blatt hat eine Geschichte.

Unabhängigkeit ist nicht bezahlbar.

Gegen das Wandern von Völkern
benehmen sich Regeln von Staaten
wie überforderte Eltern gegenüber
mißverstandenen Kindern.

Die politische Spaltung der Schaffenden
baut das Gemach der Zehrenden.

Politik ist vom Volke bezahlter Handel
mit Überzeugungen, Bedürfnissen und Nöten.

Sofern Geschichte durch Menschen befördert wird,
sind es in der Masse der Vielen
die Unbeugsamen,
die ihren Fortgang begründet.

Was mit Macht sich nicht abspricht, ist Anti-Macht.

Sicherheit ist ein teures Konsumgut
und Politik dessen eigennütziger Verkäufer.

Am Rande von Systemen
entstehen die Ideen ihrer Überwindung –
nicht in ihren Zentren.

Geschriebenes Wort ist bekennendes Denken.
Nur der Tagelöhner mag sich daran nicht halten.

Er dient dem Herrn, des Geist er umsetzt.

Ideologien und Religionen sind die Platzhalter
an Objektivem orientierten Denkens.

Ich sehe moderne Gesellschaften
in Hamsterrädern laufen.
Ich habe Hamster taumeln sehen.

Zuhören ist die größte Herausforderung der Neuzeit.

Wo du als Stein eines Mosaikes dich weißt
und es dich nicht nur dünkt,
da bringe dich ein.

Anderenfalls verweigere dich.

Völker lernt niemand in Hotels kennen.

Lasse dich nicht von der Gunst deines Königs
beeindrucken,
noch von seinem Zorn.
Überdenke deine Sache aus der Sicht aller.
Handele mit Vernunft,
welche die Menschen bis dahin zu sammeln vermocht.
Dies wird dir zu Ruhme gereichen.

Selten ist, was Fortschritt geheißen,
zum Nutze von Natur.
Oft genug nur zum Nutze allein des Menschen.

Der Tod ist das Ziel des Alterns.

Vernünftige Gedanken entstehen
im Suff, auf dem Klo oder in Not.
Selten infolge planenden Denkens.

Unkenntnis füttert die Gemüter, Wissen die Denkenden.

Der Mensch ist vergeßlich.
In seinem Tag.
In der Geschichte,
die seine Entwicklung zurückgelegt hat.
Deshalb werden Fehler wieder und wieder geboren,
gehegt und gepflegt.

Deshalb Tragödien.
Deshalb Auszeichnungen für Altbekanntes.

Mir ist ein Buch lieber,
das einer kauft und drei lesen,
als ein Buch,
das drei kaufen und nur einer liest.

Nichts stattet den Menschen mehr mit Vernunft aus
als seine Ohnmacht gegenüber der Natur.

Allzu oft vergißt Ehrgeiz seine Helfer.

Unkenntnis gebiert Angst, Unerkanntes Furcht.

Jeder Mensch stirbt einsam,
auch wenn zig weinende Augen
auf das Sterbelager schauen.
Im Tunnel des Todes ist Mitleid lächerlich.

Lupen vergrößern bescheidene Charaktere
und überführen den Aufschneider der Lüge.

Besonnenheit bewahrt Vergessenes,
Hektik nicht einmal den Moment.

Wir sollten Natur ernst nehmen,
unser Leben in ihr aber beschmunzeln.

Keine Zeit duldet ihr Ende.

Naturkatastrophen sind noch groß genug nicht,
um aus ihnen zu lernen.

Wissen ist nutzlos, wenn es Menschen nicht ergreift.

Im Angesicht des Todes von alters wegen
war das Leben eine einzige Hoffnung,
ein Bangen, Erleichterung und Gram.
Und das Schwelgen im Glück
ein Bruchteil dieses Lebens
wie das Verdrängen von Unglück.
Was zu tun gewesen war,
blieb hinter der Schmach zurück, was man nicht getan,
wohl aber zu tun hätte imstande sein können.
Nur die notorischen Selbstbeschauer
schlafen zufrieden ein.
Für andere ist Tod das Ende von Unzufriedenheit.

Kreativität überwindet,
was für alt gehalten wird,
und ernährt sich doch davon.

Wer im Großen lebt, verlernt im Kleinen fühlen.

Mißverständnisse sind die Kinder
halben Wissens und halben Zuhörens.

Die vernünftige Rückkehr des Menschen zur Natur
scheint ein längerer Weg als seine Entstehung aus ihr.

Krankheit kann der Zustand Gesunder sein,
wenn sie lange genug untersucht worden sind.

Optimismus ohne Wissen bedient die Hörigen,
Pessimismus die Verlorenen.

Karrieren kremieren Gefühle.

Unser *Planet* hegt uns ein - nicht unsere *Beziehungen*.

Der Tod der Eltern beginnt das Sterben der Kinder.
Leid wird durch Zeit nicht verdünnt.

Fragen sind die Trittsteine des Lebens
durch den Garten blühender Lügen und Halbwahrheiten.

Der intelligente Lügner ist zu sich selbst
am aufrichtigsten.

Hoffnung ohne Kenntnis ist blinde Neugier.
Kenntnis ohne Hoffnung Realismus.

Die Frage, was wir aus unserem Leben machen,
wettstreitet mit jener, wieviel von dem,
was Leben aus uns machen kann,
wir zulassen.

Trauer ist keine Frage der Symbolik.
Sie ist das Durchleben von Leid eines Nahen
und das beginnende Schmecken des eigenen Todes.

Ein schlechtes Buch wird nur einmal gelesen.

Wo der Tor sich übt, ist des Klugen Schweigen.

Der Betrunkene sagt die Wahrheit,
weil ihm die Lüge zu kompliziert ist.
Der Nüchterne lügt,
weil ihm die Wahrheit zu einfach ist.

Sympathien des Gegners verderben die eigene Kraft.

Die Achtung der eigenen Persönlichkeit
ist eine höchst anspruchsvolle Angelegenheit
ihres Besitzers.

Das Leben zwischen Geburt und Tod ist eine Baustelle.
Und die aufgestellten Warnschilder
sind Hilfeschreie der Lebensteilnehmer.

Wenn es nur halb so viele Vernünftige gäbe,
wie es Schwätzer gibt,
wäre erheblicher Schaden von der Menschheit
abgewendet.

Frust ist der Verschwendung bester Kunde.

Der Pedant ist ein konvertierter Chaot.

Neid ist das Unvermögen,
es besser zu können,
gepaart mit dem Vermögen,
dies niemandem zu gönnen.

Es trauert der Begleiter in den Tod.
Alle anderen bedauern.

Ich staune über das triefende Selbstbewußtsein der Leute.
Alle kennen sich aus.
Jeder redet überall und immer mit.
Auf konkrete Fragen aber erhältst du keine
oder falsche Antworten.

Erinnerungen sind wie alte, ehrwürdige Gebäude.
Ihre Restauration kann ein Leben lang dauern.

Geschmack als Ansicht von Dingen
ist ein Produkt der Bewerbung der Dinge.

Die Zunge ist des Geistes Soldat.

Ja, ich bin enttäuscht
von der Verführbarkeit der Menschen,
von ihrer Fähigkeit, hinzunehmen ohne Frage.
Aber überrascht vom Aufbegehr,
wenn jemand ihr Geld will.

Leben ist Fragen.
Sterben ist Hinnahme.

Was der Natur dient, ist dem Menschen zuträglich.

Das Vorleben der Eltern
ist die wirkungsvollste Erziehung der Kinder.

Viel gelesen zu haben,
heißt noch nicht, belesen zu sein.

Westlichen Gesellschaften
ist Altsein Belastung,
indigenen
natürliche Bereicherung.

Dem bescheidenen Genius sind drei Menschen lieber,
die ihn verstanden,
als dreihundert,
die von ihm gehört haben.

Die geleugneten Fehler der Alten
sind die Fehler der Jungen.

Sage nicht, das Alter sei gekommen für das Sterben.
Tod ist das Ende deines Tuns,
und immer wirst du noch etwas wollen.
So wirst du am Leben hängen, weil du nicht weißt,
was dir der Tod bringen wird.

Hast ist die Flucht vor dem, was man eigentlich will.

Wahrheit zu verdrängen,
behindert ehrliche Entfaltung
und kürt anderer Reichtum.

Wenn du nicht enttäuscht werden willst, sei anspruchslos.

Willst du im Alltag bekannt sein,
verkaufe dich an Politik und Medien.
Spuren in der Geschichte der Menschheit hinterlasse,
indem du bescheiden dein Leben ihr andienst.

Sprich nicht großmundig über deine Fähigkeiten.
Schnell sind sie erschöpft,
wenn du deinem Liebsten nicht mehr helfen kannst.

Optimismus verbessert nicht die Dinge an sich,
sondern nur die Sicht auf sie.

Die Instrumentalisierung von Tod
ist das häßlichste Bild menschlicher Trauer.

Vernunft kehrt mit Leidenschaft heim,
wenn sie Ausgang hat.

Wer den Tod herausfordert,
darf mit seinem Eintritt nicht hadern.

Würden wir viel mehr in alten Büchern lesen,
gäbe es nicht die Flut neuer.

Wenn du deine Mutter verstehen willst,
lausche ihrem Seufzen.

Auf einer kleinen Insel ohne Hängematte der Moderne
ist das Begehren von Wasser
das Maß des Abstandes zu unserem Ursprung.

Moderne Medizin kann das Sterben verlängern,
nicht aber würdevolles Leben.

Schmeichelei und Unterwürfigkeit
sind die Geburtshelfer der Arroganz.
Aufbegehr und Gleichmut ihr Totengräber.

Wenn du einen Fremden kennenlernen willst,
höre ihm zu und schweige.

Die einfachen Menschen sind mir die liebsten.
Sie fragen, zweifeln und haben einen Instinkt.
Menschen, die von Bildung gehört haben,
fragen nicht, behaupten und sind instinktlos.

Gegen Ende des bewußten Lebens
sind kleine Veränderungen eine Katastrophe
und große bedeuten den Tod.

Wer sich hinter der Komplexität der Welt versteckt,
hat die Einfachheit ihrer Teile nicht verstanden.

Zufriedenheit ist die Einstellung zu sich selbst,
nicht die anderer zu dir.

Tugenden spiegeln Zeiten.

Naturergebener Verzicht
verlängert Leben mehr als jedes Sportstudio.

Mystik ist die Fluchthelferin aus dem Jetzt
und die geschmeidige Dienerin des Todes.

Gäben wir uns doch als jene,
die wir wirklich sind,
hätte Selbstbewußtsein eine ehrliche Statt.

Selten wirst du gelobt für Dinge,
die *dir* alles abverlangt haben.
Selten wirst du getadelt für Dinge,
die *du* falsch gemacht hast.

Wer in flachen Wassern schwimmt,
sollte mit aufgeschlitzten Leibern rechnen.

Fortschritt, der Zweifel erhört, wird von Dauer sein.

Alles ist nichts ohne Liebe, sagt der Liebende.
Alles ist nichts ohne Geld, sagt der Gierende.
Ohne Gesundheit ist alles nichts, sagt der Kranke.

Optimismus ohne Kenntnis
und Pessimismus ohne Haltung
sind die Feinde des Fortschreitens.

Rastlosigkeit sind Bedenken fremd.

Gar nicht selten hat einen langen Weg vor sich,
wer das Wesen einer Sache begreifen will.

Das Gegenteil von Optimismus ist Realismus.

Was nach Größe strebt, verliert an Eigenheit.

Kinder brauchen einen Begeisterer.

Wie du trauerst, so liebst du.

Wo Lesezeichen in Büchern sich verstecken,
da rastet ein heller Geist.

Erkenntnis ist ein Trampelpfad.

Der kritische Geist ist von Natur aus bescheiden.

Wißbegier ist eine mühevolle Tugend,
die Glück und Kämpfen lehrt.

Oft hat Gutes falsche Verkünder.

Du bist, wie deine Kinder du aufziehst.

Fortschritt und Zweifel sind eine Münze.

Laß dich nicht erkennen, wenn du bemerkt wirst,
laß dich nicht verführen, wenn du gelobt wirst,
laß dich nicht kleinmachen, wenn du kritisiert wirst,
laß dich nicht benutzen, wenn du dienlich wirst.

Bekenne dich aber, wenn Not ist im Fortgang der Dinge.

Ich danke mit meinem Herzen Sylvia, meiner großmütigen, vertrauten, liebenswerten und wirklich geliebten Begleiterin durch die Jahre. Viel Zugeneigtsein hat sie entbehren müssen, als nach getanem Beruf bis tief in Nächte hinein diese Sinnsprüche entstanden, wieder und wieder verworfen, befeilt, ergänzt, erneut hinterfragt wurden.